AF174899

DE LAS PIRÁMIDES A LA CASA DE PAPEL

PILAR MELENDO

De las
PIRÁMIDES
a la
CASA DE PAPEL

Un viaje a través de la historia
para entender la economía

ACCI
Asociación Cultural y Científica
Iberoamericana

© Obra: DE LAS PIRÁMIDES A LA CASA DE PAPEL
Primera edición: Octubre, 2024
© Autor: PILAR MELENDO

ISBN: 978-84-10041-24-0
Depósito Legal: M-23073-2024

© Editado por ACCI ediciones // www.acciediciones.com
Gestión, promoción y distribución: Grupo Editor Vision Net S.L.
C./ San Ildefonso 17, local, 28012 Madrid. España.
Tlf: 0034 91 5273678 // Email: pedidos@visionnet-libros.com

Disponible en librerías físicas y online.

A Hugo, mi sobrino

Índice

Prólogo

La finalidad de este libro es mostrar la vinculación entre Historia y Economía de forma amena y curiosa. Reflejar cómo ambas ramas de las Ciencias Sociales están ligadas y no se pueden entender la una sin la otra.

La docencia enseña la importancia de vincular las diferentes ramas de conocimiento, las asignaturas no son materias estanco, hay que entenderlas como diferentes caras de un mismo prisma.

En clase utilizo diferentes ejemplos e historias curiosas que llaman la atención a los alumnos a la hora de explicar diferentes conceptos económicos. Preguntan si esa explicación tiene relación con la materia de Historia o Economía, pero ambas asignaturas no son compartimentos estancos, sino que están imbricadas.

Comencé a darle vueltas a poner por escrito esos diferentes ejemplos históricos que podrían ayudar a explicar ciertos conceptos económicos y que ya utilizaba en clase.

En este pequeño libro de relatos busco mostrar dicha vinculación entre ambas. Son diversas Historias que ayudan a explicar diversos términos económicos básicos. No busca ser un libro de Historia, ni un libro de Economía, sólo un libro que cuenta diversos momentos históricos curiosos relacionados con términos económicos que escuchamos en nuestra vida diaria y tal vez no comprendamos del todo.

Los relatos siguen un orden cronológico, explican el acontecimiento histórico y su relación con un concepto económico. Al final de cada uno de ellos, se recoge un pequeño glosario con los términos vistos.

Con ello se busca poder comprender mejor vocablos que escuchamos o usamos a diario como: burbuja inmobiliaria, inflación, préstamo o tipo de interés,… mientras recordamos diferentes momentos de la Historia.

Crematística y economía

Escuchamos hablar de Economía en la radio, la televisión o las redes sociales. Leemos sobre ella en prensa, libros… Nos suena a dinero, acciones, precios, pero ¿sabemos realmente qué es?

La palabra economía proviene del griego: "oikos" "nomos" y se podría traducir como "administración de la casa". Pero como ciencia social tiene su origen en el año 1776 con la publicación del libro de Adam Smith "La Riqueza de las Naciones".

Entonces, ¿no existía la Economía antes de 1776? En el S.VI aC Tales de Mileto, uno de los Siete Sabios de Grecia, definió la khrematistiké (crematística), predecesora de la economía, como el arte de hacerse rico. De hecho, el significado de "khrema" es riqueza o posesión.

"La virtud no era suficiente en sí misma para conocer la felicidad, pues también se necesitan los bienes del cuerpo y los bienes externos". Esta frase de Aristóteles

refleja en esos "bienes externos" que ya se pensaba en la economía. De hecho, la oikonomiké, de la cual hablaba Aristóteles no es la misma de la que hablaba Adam Smith en su conocido libro, sino que se circunscribía a al término originario de economía, la administración de la casa.

Junto con todo ello, Aristóteles en varios de sus textos incluidos en su Ética a Nicómaco (Libro V, capítulo 5) y su Política (Libro I capítulos 3-13), explica qué es la crematística: "*una especie de arte adquisitivo que es naturalmente parte de la economía: aquella en virtud de la cual la economía tiene a mano, o se procura para tener a mano, los recursos almacenables necesarios para la vida y útiles para la comunidad civil y doméstica*". Por tanto, nos habla de la compra de bienes y por ello distingue entre dos tipos de crematística. Por un lado, la crematística natural, la cual es aceptada por Aristóteles, la entiende como un intercambio de bienes entre productor y comprador por un precio justo. Por otro lado, no acepta la que denomina crematística antinatural, la cual afirma que se compra al productor para revender al consumidor a un precio superior, es lo que se entiende como usura.

En cambio la economía actual, basada en las teorías del escocés Adam Smith en el S.XVIII tiene una concepción diferente. Es una ciencia social que busca satisfacer necesidades con recursos escasos. No se centra en el comercio como la crematística, sino que tiene un ámbito de aplicación más amplio, la necesidad de elegir teniendo en cuenta que los recursos para satisfacer nuestras necesidades son limitados.

Glosario:

Adam Smith (1723-1790). Fue un economista y filósofo escocés. Es considerado el padre de la Economía como ciencia social. En su libro "La investigación sobre la naturaleza y las causas de la riqueza de las naciones" (1776) fija las bases de la denominada "economía clásica".

Crematística. Acumulación de dinero.

Economía. Es una ciencia social que busca satisfacer necesidades con recursos escasos.

Necesidad. Sensación de carencia unida al deseo de hacerla desaparecer.

Recursos escasos. Bienes y servicios que satisfacen nuestras necesidades.

Usura. Cobro excesivo de intereses por un préstamo.

Los impuestos desde la Edad Antigua

Benjamín Franklin, uno de los padres fundadores de EEUU, afirmaba que solo hay dos cosas que están garantizadas en la vida: la muerte y los impuestos.

Los impuestos son un tipo de ingreso público que forman parte de las medidas de política fiscal que toman los gobiernos para recaudar fondos y destinarlos a gasto público. Los impuestos se caracterizan por ser un pago sin contraprestación directa. Pero, ¿desde cuándo pagan este tipo de tributo los ciudadanos?

El origen de los impuestos lo encontramos en Egipto hace 5000 años, de hecho fue el primer Estado centralizado del mundo. En torno al año 3100 aC el faraón con una flotilla recorría cada dos años el Nilo y realizaba el "recuento del ganado" que era su ceremonia de recaudación.

Pero uno de los impuestos más peculiares a lo largo de la Historia lo encontramos en la antigua Roma. En el S.I el emperador Vespasiano, conocido porque bajo su mandato se construyó el anfiteatro Flavio, que hoy en día conocemos como el Coliseo, instauró un impuesto a la orina.

En aquella época se utilizaba el amoníaco de la orina para blanquear las túnicas que usaban los romanos. Por ello, en la puerta de los batanes, las lavanderías de la época, decidieron poner unas tinajas para que en vez de orinar en la calle se orinara en ellas. Vespasiano viendo que necesitaba aumentar la recaudación, ya que las arcas estaban vacías, decidió fijar un impuesto a la orina. De hecho, su hijo Tito le recriminó la fijación de este impuesto tan peculiar y él cogiendo un puñado de monedas le preguntó a qué olía el dinero. Este le contestó que a nada y de ahí se cuenta que surgió el dicho "pecunia non olet", que se interpreta como que el valor del dinero no tiene que ver con su procedencia.

Aunque este no es el único impuesto curioso que podemos encontrar. En 1696, en Inglaterra, el Rey Guillermo III fijó un impuesto a las ventanas. Inicialmente deseaba fijar un tributo para gravar a aquellos ciudadanos que tuvieran una mayor renta, es decir, quería fijar un impuesto directo, pero el Consejo de Gobierno lo prohibió ya que iba contra el derecho de privacidad del ciudadano. Con otras palabras, los ingleses no tenían porqué dar a conocer la renta personal de la que disponían. Por ello, el rey decidió fijar un arancel a las ventanas, cada ciudadano pagaría en función de las ventanas que tuviera su casa, forma indirecta de señalar la riqueza de la familia. A partir de ahí se creó la trampa. Algunos sellaban ventanas, otros utilizaron la técnica del trampantojo pintando ventanas al construir nuevas viviendas. La consecuencia fue que para evitar el pago al erario empeoró la ventilación de las casas y hubo un aumento de la tuberculosis en Inglaterra, por lo que finalmente en 1851 tuvieron que anularlo.

Actualmente, también podemos encontrar impuestos curiosos como el que ha fijado Dinamarca a las ventosidades que emiten las vacas. Esto se debe a que están compuestos en gran medida de metano, gas contaminante causante del calentamiento global. Por ello, por cada cabeza de bovino en este país se debe pagar una tasa de 110$.

Glosario:

Impuesto. Cantidad de dinero que se paga a la Administración Pública para contribuir a la hacienda pública. Pago sin contraprestación directa.

Impuesto directo: Cantidad de dinero que se paga a la Administración Pública para contribuir a la hacienda pública y depende de la renta de cada agente económico.

Política fiscal. Medidas tomadas por el gobierno en relación a los impuestos y gasto público para alcanzar los objetivos económicos fijados.

Los préstamos. De Mesopotamia a las Guerras Napoleónicas

Una de las palabras que forma parte de nuestro vocabulario diario es hipoteca. La hipoteca es un tipo de préstamo con la garantía del propio inmueble. Pero, ¿qué es un préstamo? Pedimos una cantidad de dinero a una entidad financiera y nos comprometemos a devolverla en el plazo establecido junto con los intereses pactados. Esos intereses son el precio del dinero.

El origen de los mismos proviene de Mesopotamia en torno al 3000 aC, aunque se entendían de forma diferente a como lo hacemos hoy en día. Se basaba en la financiación de amigos y familiares, pero sin el pago de intereses.

Fue en Grecia y Roma cuando surgen los préstamos con el pago de intereses tal y como los conocemos actualmente.

En el caso de Roma no estaba regulado el tipo de interés que se pagaba. Se tenía en cuenta lo que denominamos como "lucro cesante", es decir, que si te prestaba dinero a esa persona dejaba de poder usar o invertir esa cantidad en otra cosa. Por tanto, si una familia no pagaba sus deudas se le castigaba con la esclavitud e incluso con la muerte. Uno de los prestamistas más famosos en aquella época fue Bruto, conocido por matar a Julio César, que de acuerdo con las crónicas llegaba a cobrar intereses de hasta el 48%.

Con la llegada de la Edad Media la religión católica prohibía la usura ya que se entendía que se creaba algo desde la nada, es decir, el cobro de intereses, lo cual era poco cristiano y se consideraba pecado. Los judíos tenían limitaciones para desarrollar diferentes actividades económicas exclusivas para judíos viejos, como la abogacía, pero se dedicaban a la medicina, a la recaudación de impuestos y a la usura. De hecho las juderías se convirtieron en casas de préstamos. De esta forma los monarcas acudían a ellos para financiar las guerras.

Con la aparición del protestantismo en Alemania en el S.XVI bajo la figura de Martín Lutero se acepta el cobro de intereses por parte de su religión y el préstamo deja de ser una actividad exclusiva de los judíos. Por ejemplo, tenemos a los banqueros Fugger en Augsburgo que ayudaron a Carlos I a financiar su Imperio o su coronación como Emperador.

En el caso de Inglaterra, con Enrique VIII y la aparición del anglicanismo en el mismo siglo, se comenzó a regular los tipos de interés fijando un máximo del 10% hasta que Jacobo I a finales de ese siglo lo redujo al 8%.

Durante la Revolución Francesa, en el S.XVIII, comenzaron a popularizarse los préstamos y el Banco de Inglaterra con las Guerras Napoleónicas a principios del S. XIX aumentó el número de préstamos concedidos. En esta época se tomó conciencia de los peligros de un exceso de endeudamiento y la necesidad de usar el tipo de interés como un instrumento de la política monetaria. Es decir, para frenar el consumo y la subida de precios (inflación) es necesario subir los tipos de interés y así ralentizar el consumo y el endeudamiento. En cambio, para incentivar la economía, los préstamos y el consumo del país es necesario bajar los tipos de interés.

Glosario:

Hipoteca. Tipo de préstamo destinado a la compra de un inmueble.

Interés. Precio del dinero.

Lucro cesante. Ganancia que deja de obtenerse debido a un daño o perjuicio que se haya producido.

Política monetaria. Medidas en relación a los tipos de interés y a la oferta monetaria tomadas por el gobierno para alcanzar los objetivos económicos fijados. En el caso del BCE (Banco Central Europeo) su objetivo principal es que los precios no suban más del 2% anual.

Préstamo. Cantidad de dinero solicitada a una entidad financiera que hay que devolver en su totalidad junto con los intereses pactados.

Usura. Cobro excesivo de intereses por un préstamo.

Lo que la naturaleza no da, Salamanca da una beca

Salamanca es conocida por tener una de las universidades más antiguas de Europa y ser donde se creó el sistema de becas para ayudar a alumnos con menos recursos económicos a acceder a los estudios y el primer colegio mayor de la Península Ibérica.

Fue fundada por Alfonso IX de León en 1218, ya que deseaba tener estudios universitarios en su reino y creó una de las primeras universidades en Europa, similar a la de Bolonia y en oposición a la de Oxford y París. Mientras que en las primeras se impartía Derecho, Medicina, Lógica, Gramática y Música, las otras centraban sus estudios en Teología y Artes.

Al dar un paseo por el casco viejo de la ciudad de Salamanca nos encontraremos con el Palacio Anaya, también conocido como el Colegio Mayor San Bartolomé, el Colegio Mayor Anaya o Colegio Viejo. Fue fundado en 1411 por el Obispo don Diego de

Anaya Maldonado tras volver en 1401 del Concilio de Constancia en Italia. Decidió copiar la idea del Colegio Mayor San Clemente de Bolonia y fija el sistema de becas tras la bula del papa Benedicto XIII: "*ad hoc habiles, integrae famae et opiniones, ex puro sanguine procedentes, idonaeae*". Es decir, fijaba estrictas condiciones de acceso: "pobreza, inteligencia, limpieza de sangre, aspecto físico o procedencia geográfica". Por tanto, en este colegio se formaban los profesionales más valorados, pero eran universitarios que no tenían procedencia noble.

Era la Iglesia quien realizaba el papel que hoy en día realiza el Ministerio de Educación. El sistema de becas forma parte de la política fiscal de un país. Por un lado, el Estado es el encargado de recaudar a través del sistema impositivo, así se obtienen los ingresos públicos que se van a destinar al gasto público. Dentro de él, las transferencias son fondos destinados a las familias sin contraprestación y en él se engloba el sistema de becas como el creado en el S. XV en Salamanca.

Glosario:

Beca. Las transferencias son fondos destinados a las familias sin contraprestación. Fondos públicos o privados para pagar los gastos totales o parciales de los estudios.

Gasto público. Dinero destinado por parte de la Administración Pública a satisfacer las necesidades de los ciudadanos.

Política fiscal. Medidas tomadas por el gobierno en relación a los impuestos y gasto público para alcanzar los objetivos económicos fijados.

Real de a Ocho, primera divisa

El Real de a Ocho fue la moneda acuñada en la reforma monetaria, denominada la Pragmática de Medina del Campo, que hicieron los Reyes Católicos en 1497. Su nieto, Carlos I, la introduce como moneda en sus territorios de la Península Ibérica y su hijo Felipe II la difundió por todo su reino que comprendía Milán, Nápoles, Sicilia, Cerdeña, Países Bajos, las Indias (América), Portugal, Castilla, Aragón y Navarra.

Debido a las dimensiones de sus dominios, el Real de a Ocho se convirtió en la primera divisa, es decir, la primera moneda extranjera que se usa en el comercio internacional entre los siglos XVI y XIX.

El siglo XVI es conocido como el siglo de los descubrimientos geográficos. Debido a que los turcos bloquearon la ruta de la seda por el este, los diferentes países europeos empezaron a buscar nuevas alternativas. En concreto, el rey de Portugal conocido como Enrique el navegante creó una escuela de marinos en su país y empezaron a investigar nuevas rutas para llegar a la India y a China bordeando el continente africano. Por su parte, Isabel de Castilla financió la expedición de Cristobal Colón para llegar a las Indias por el oeste atravesando el Océano Atlántico. De esta forma, se produjo el descubrimiento de América. Carlos I nacionalizó el nuevo patrón y fijó un sistema de divisa equivalente en todos los Estados de la Monarquía española.

Durante el siglo XVII, Castilla alcanzó su máxima expansión territorial y tocará techo en el comercio internacional utilizando como divisa el Real de a Ocho. La monarquía española difundió e impuso su moneda, inspirada en el thaler alemán, en todos sus Estados y la defendió también en los Estados vecinos.

A partir de 1716 con la dinastía de los Borbones en España, después de la Guerra de Sucesión, por la muerte sin descendencia del último de los Habsburgo, Carlos II "el Hechizado", no solo decidieron mantener el Real de a Ocho como divisa, sino que la fijaron como única moneda en todos sus territorios eliminando el escudo o el peso.

El Real de a Ocho en México era conocido como la piastra mexicana y fue el modelo de monedas actuales como el tael en China, el yen en Japón, el whon en Corea o el dólar americano. De hecho, el Real de a Ocho fue la primera moneda de uso legal en EEUU hasta que en 1857 entró en circulación el dólar para competir con la divisa española. Si nos fijamos en el símbolo del dólar ($) está inspirado en nuestra moneda, la S simboliza la banda que envuelve las columnas de Hércules, las cuales sirvieron de inspiración para las dos barras del dólar, con las palabras de "Plus Ultra" recogidas en nuestro escudo.

Glosario:

Comercio internacional. Intercambio de bienes y servicios entre diferentes países.

Divisa. Moneda extranjera que se usa en el comercio internacional.

Thaler alemán. Antigua moneda de plata de Alemania. Las primeras fueron acuñadas en el S.XV.

Felipe II y las primeras bancarrotas en la historia española

El 15 de enero de 1556 Felipe II es coronado rey en presencia de su padre, el emperador Carlos V de Alemania o Carlos I de España, y del duque de Alba. Un año después, el 17 de abril 1557, se declaraba la primera bancarrota en la historia española.

En primer lugar, es necesario saber qué significa que un país entre en bancarrota o default. Dicha situación se produce cuando el país no es capaz de hacer frente al pago de sus deudas. Es decir, no puede devolver el dinero que le han prestado sus acreedores.

Felipe II descartó la opción de no reconocer la herencia de su padre al subir al trono y heredó la situación generada por la política económica implementada por su antecesor.

Los ingresos públicos durante el reinado Carlos I se obtenían principalmente de los impuestos tradicionales, las alcabalas (un 10% de todas las transacciones comerciales y de las aduanas), pero hubo que añadir nuevas formas de financiación como los millones (impuesto extraordinario que gravaba productos de primera necesidad y tenía su origen en la Edad Media en la corona de los Reinos de León y de Castilla y que retomó Carlos I), el quinto real (impuesto fijado por la corona de Castilla en 1504 que gravaba con un 20% la extracción de metales preciosos obtenidos en la América española), los juros (origen de la deuda pública que emitió con un interés del 3% y 6% anual) y los asientos (los asentistas se comprometían a dejar la cuantía que necesitaba el monarca y a cambio devolvía una cantidad en la que se incluían los intereses). Los asentistas eran hombres de negocios internacionales que usaban el sistema de letras de cambio. En el reinado de Carlos I la familia Fugger de Augsburgo fue la más conocida. Dicha financiación tenía por objeto el mantenimiento de la monarquía cristiana y universal en todo su imperio.

Además de los gastos para mantener el imperio (guerra con Francia por controlar Nápoles y el Milanesado, las incursiones berberiscas y turcas en el Mediterráneo, por lo que se constituyó la Liga Santa, y el problema político religioso en los Países Bajos), hay que unir el proceso inflacionario, denominado "Revolución de los precios", que tuvo lugar en Europa en la segunda mitad del S.XV, lo cual hizo insostenible la situación económica de la Corona a la muerte de Carlos I.

Ante esta situación, Felipe II sube al trono y, como hemos dicho antes, en su primer año de reinado decretó la primera bancarrota en la historia de la Corona. Para poder solventar dicha situación, la medida que se tomó fue la consolidación de la "deuda flotante". La "deuda flotante" es la emisión de deuda pública a corto plazo, es decir títulos de deuda con vencimiento a en un plazo inferior al año. Por tanto, la medida tomada fue la refinanciación de dicha deuda a corto plazo en deuda a largo plazo.

Pero esta no fue la única bancarrota durante el reinado de Felipe II. En el año 1576 se produjo la segunda bancarrota. Esta fue la quiebra más importante. Afectó a la ciudad de Amberes, fue el denominado "Saqueo de Amberes", y a la familia Fugger.

El "Saqueo de Amberes", que se produjo entre el 4 y 7 de noviembre de 1576, tuvo su origen en la incapacidad de Felipe II de hacer frente a las pagas que debían recibir los soldados del ejército en Flandes debido a la quiebra de la Hacienda Real.

La última suspensión de pagos que tuvo lugar bajo el reinado de Felipe II fue el 29 de noviembre de 1596. Su causa fue otra crisis de deuda debido a la necesidad de financiar la Gran Armada. Su infeliz desenlace llevó al monarca a aumentar los créditos para poder seguir sufragando la Corona.

A su muerte, en septiembre de 1598, la deuda era cinco veces superior a la de 1556, cuando Felipe II comenzó su reinado.

Glosario:

Bancarrota. Situación en la que el país no es capaz de hacer frente al pago de sus deudas.

Deuda flotante. Emisión de deuda pública a corto plazo, es decir títulos de deuda con vencimiento a corto plazo

Impuesto. Cantidad de dinero que se paga a la Administración Pública para contribuir a la hacienda pública.

Inflación. Subida general y continuada de los precios

Ingresos públicos. Dinero obtenido por la Administración Pública para financiar el gasto público.

Letra de cambio. Derecho de cobro que autoriza a una persona o empresa a cobrar cierta cantidad de dinero en una fecha específica.

Política económica. Medidas tomadas por el gobierno de un país en relación al ámbito de la economía.

Suspensión de pagos. Situación en la cual una empresa no puede hacer frente a sus deudas a corto plazo.

Scuola Grande di San Rocco, Tintoretto y el marketing

Venecia 1564, se convoca un concurso para decorar la Sala dell'Albergo en la Escuela Grande de San Rocco. Se presentan varios candidatos: Paolo Cagliari, apodado Veronese por su origen de Verona, Guiseppe Slaviati, Federico Zuccari y Jacopo Rabusti, conocido como Tintoretto por el oficio de tintorero de su padre.

Tintoretto se hace con el encargo gracias a una de las primeras campañas de marketing de la historia. A pesar de ello, el origen del marketing tal y como lo conocemos hoy en día es de principios del S.XX. Concretamente en 1902 en la Universidad de Michigan, el profesor Jones utilizó este término por primera vez, aunque fue en 1914 cuando se edita el primer libro sobre markting escrito por Arch Wilkinson Shaw. Pero, ¿qué es el marketing? Existen diversas definiciones, pero según la Asociación de Marketing Americana *"El marketing es la actividad, un conjunto de instituciones y procesos para crear, comunicar, entregar, e intercambiar ofertas que tienen valor para los consumidores, clientes, socios y la sociedad en general".*

La rivalidad entre Tintoretto y Veronese era conocida en Venecia, aunque se respetaban. Tintoretto utilizaba el marketing para obtener una mayor cuota de mercado. Estableció una estrategia de precios basada en la competencia, en concreto los fijaba más bajos que su competidores que eran grandes artistas como Veronese o Tiziano, de forma que no pudieran competir con él.

En el caso de la Escuela Grande di San Rocco Tintoretto se encargó de comunicar y promocionar su oferta de tal forma que no podían elegir a otro pintor que no fuera él. Por tanto, podemos considerarle un pionero en las campañas de marketing.

Dicha escuela fue fundada en 1478 en Venecia para asistir a los ciudadanos en tiempos de peste. Pasados unos años la hermandad de la Cofradía de San Roque, fundadora de la Scuola, deciden convocar un concurso para decorar las paredes y techos.

En junio de 1564 los diferentes artistas: Paolo Veronese, principal contrincante de Tintoretto, Giuseppe Salviati y Federico Zuccari, presentaron sus bocetos a carboncillo, es decir, en blanco y negro. Pero según consta en el registro del 22 de junio: *"en este día, Jacopo Tintoretto pintor hizo un presente de cuadro pintado,..., e hizo dicha donación presente la suscrita Banca y Junta y sin premio alguno, y además se ofrece a terminarlo como conviene y así firmará de su mano estar conforme."*

Su campaña de promoción fue la mejor de las cuatro. Con los demás pintores debían imaginar cómo quedaría terminados los frescos y cuáles serían los diferentes colores que se usarían. En cambio, Tintoretto les dio un valor añadido a su producto, no tenían que imaginar nada, el cuadro estaba a color, con todos los detalles y sabían perfectamente el producto que elegían. Tintoretto supo cubrir perfectamente la necesidad de la Scuola di San Rocco y se promocionó mejor que su competencia, por tanto, el encargo fue para él.

Gracias a su buena estrategia de marketing, no solo decoró la Sala dell'Albergo, sino que en 1575 le pidieron que decorase la Sala Grande y entre 1582 y 1587 pintó la Sala Inferior.

Glosario:

Cuota de mercado. Porcentaje de ventas de una empresa en relación a las ventas totales de ese mercado.

Estrategia de precios basada en la competencia. El precio de una de las 4 variables del marketing-mix. Se define como la cantidad de dinero pagada para adquirir un producto. Este tipo de estrategia basada en la competencia se centra en fijar el precio del producto igual, por debajo o por encima de los competidores.

Necesidad. Sensación de carencia unida al deseo de hacerla desaparecer.

Marketing. El marketing es la actividad, un conjunto de instituciones y procesos para crear, comunicar, entregar, e intercambiar ofertas que tienen valor para los consumidores, clientes, socios y la sociedad en general (AMA).

Marketing-mix. La estrategia de marketing se diseña en torno a 4 variables denominadas marketing-mix o 4 P's del marketing que son: producto, precio, distribución y promoción.

Promoción. Una de las cuatro variables del marketing-mix. Es el conjunto de ideas que la empresa transmite en un mensaje para influir en un público objetivo ya sea motivando la compra o cambiando la opinión de la empresa.

El duque de Lerma
y la burbuja inmobiliaria

Valladolid, 11 de enero de 1601. La capital corte de Felipe III, el primero de los Austrias menores, acaba de trasladarse desde Madrid a instancia de los consejos de su valido Francisco Gómez de Sandoval y Rojas, el duque de Lerma.

Consigue convencerle alegando que el padre del rey, Felipe II, había nacido en dicha ciudad y su abuelo, Carlos I, había jurado allí como rey a su llegada desde Flandes a la muerte de Fernando el Católico.

De esta forma, el traslado de la capital de Madrid a Valladolid se justifica a través de una razón sentimental, pero se barajan otros motivos: la revitalización de la economía castellana y leonesa o la postura contraria al duque de la emperatriz María de Austria, tía del rey. Aunque, la razón que se postula detrás de las intenciones del duque de Lerma, la que más peso tiene, son las razones económicas, una especulación inmobiliaria.

A pesar de que el término burbuja inmobiliaria nos recuerde a crisis económicas recientes, como la de 2008, este concepto ha existido a lo largo de la historia. La burbuja inmobiliaria o especulación inmobiliaria es la compra de inmuebles a un precio con la intención de venderlos a un precio superior y obtener una plusvalía. Justo esa era la finalidad del duque de Lerma.

En 1599 Felipe III otorga al noble castellano la condición de duque de Lerma, así logró culminar su carrera este noble cuya familia tenía más deudas que ingresos cuando era un niño. En esa época fue compañero de juegos del príncipe Carlos, pero a su muerte pasó a serlo de su hermano, el futuro Felipe III y así fraguaron su amistad.

La corte del rey Felipe III, a principios del siglo XVII, se encontraba en Madrid, pero Francisco Gómez tenía diversas propiedades en Valladolid, como las casas del marqués de Camarasa, que más tarde vendería al propio Felipe III. De hecho, en el año 1600 solicitó permiso al Concejo de Valladolid para edificarse un Palacio cerca de la Puerta de San Juan.

Finalmente, convenció al Rey que debía trasladar allí la capital ya que era el lugar de nacimiento de su padre Felipe II y a él le hubiera gustado ver dicha ciudad como capital corte.

A Felipe III las cuestiones de gobierno no le resultaban nada motivadoras y decidió hacer caso a su valido. Así se trasladaron gran número de nobles, funcionarios, artistas y resto de personas vinculadas a la corte. Destacan nombres como los escritores Quevedo, Góngora, el pintor Rubens o aristócratas como Ambrosio Spínola. Ello conllevó la consiguiente compra por su parte de diferentes terrenos e inmuebles.

El Palacio Real se instaló en la Plaza de San Pablo y en la denominada Huerta de la Rivera, hoy Huerta del Rey, se estableció el Salón de Saraos donde se celebraban todas las fiestas y recepciones.

De esta forma, el duque de Lerma se convirtió en el hombre más rico del Imperio español. Pero su ambición no quedaba ahí. Con el dinero obtenido con la venta de sus inmuebles en Valladolid decidió llevar a cabo la segunda parte de su plan, comprar todos los inmuebles y terrenos que se quedaban vacíos en Madrid por el traslado de la corte, por supuesto, a precios mucho más bajos ya que nadie quería ahora vivir en esta ciudad.

Una vez se hizo con el parque inmobiliario de Madrid volvió a hablar con el rey, tras lograr que también el alcalde de Madrid estuviera dispuesto a pagar 250.000 ducados de los que el duque recibiría un tercio, para lograr que la corte volviera a su antigua ubicación. Para terminar de convencer al rey alegó que Valladolid estaba muy lejos del Monasterio de El Escorial, lugar de sepultura de su padre el rey Felipe II, al cual había dedicado una parte muy importante de su vida. El actual rey no podía estar tan alejado del lugar donde reposaban los restos de su padre y lo mejor sería volver a llevar la corte a Madrid.

Y así fue como solo cinco años después, el 4 de marzo de 1606, Madrid volvía a ser la capital corte del reino.

Otra vez todos los nobles, funcionarios, artistas y personas vinculadas a la corte vendieron sus propiedades en Valladolid, las cuales habían bajado de valor, para comprar otra vez en Madrid, donde los precios ahora habían subido y donde, casualmente, el duque de Lerma había decidido invertir los beneficios obtenidos por la anterior operación inmobiliaria. De hecho, en mayo de 1606 no quedaban restos de la corte en Valladolid, excepto probreza y una deuda de 176 millones de maravedíes.

Tales fueron las ganancias obtenidas, que Francisco Gómez mandó construirse como palacio la actual Capitanía General del Ejército.

Así conocemos uno de los primeros casos de especulación inmobiliaria en nuestro país.

Glosario:

Burbuja inmobiliaria. La especulación inmobiliaria es la compra de inmuebles a un precio con la intención de venderlos a un precio superior y obtener una plusvalía.

Especulación. Compra de un bien para venderlo a un precio superior.

La Revolución Francesa, revolución económica

Lunes 21 de enero de 1793, París, Plaza de la Revolución, hoy Plaza de la Concordia. Luis XVI es guillotinado, uno de los símbolos más conocidos de la Revolución Francesa y del fin del absolutismo.

¿Cuáles fueron las causas del fin del antiguo Régimen que supuso el inicio de la Edad Contemporánea? Aunque normalmente se habla de causas sociales, fueron muy importantes las causas económicas. Luis XVI nombró como ministro de finanzas a Turgot que comunicó la necesidad de reformar el sistema impositivo del país. Es decir, que las clases privilegiadas, nobleza y clero, dejaran de estar exentas del pago de impuestos.

Proponía sustituir el impuesto denominado "talla", que provenía de la época feudal, por un impuesto equitativo. El antiguo impuesto debía su nombre a la costumbre de contabilizar las entregas de dinero tallando muescas en un palo de forma que certificara el pago.

Pero tanto la nobleza como el clero se negaron a dicha reforma y presionaron al rey para que Turgot fuera destituido.

Necker fue el encargado de sustituirle. Durante ese periodo Francia intervino en la Guerra de la Independencia de los Estados Unidos y debe emitir empréstitos para financiarse. Los empréstitos son préstamos de elevada cuantía divididos en partes iguales que se denominan obligaciones y bonos que son adquiridas por particulares y que el Estado se compromete a devolver junto con los intereses pactados a la fecha de vencimiento.

Dicha deuda provocó que Necker acabase presentando un presupuesto que no era real, en lugar del superávit que afirmaba que existía, es decir, en lugar de que los ingresos públicos fueran superiores a los gastos públicos, existía un déficit de 50 millones.

El siguiente en sustituirle fue Calonne que se enfrentó al dilema entre subir los impuestos o pedir más préstamos. Al analizar la situación planteó la siguiente propuesta: promover la igualdad de todos los ciudadanos suprimiendo los impuestos indirectos y reforzando los impuestos directos que dependen del nivel de renta de cada ciudadano. De esta forma, los fondos recaudados serían para las Asambleas Provinciales sin distinción de estamentos.

Además, planteaba confiscar los derechos señoriales de la Iglesia para amortizar la deuda que había contraído el propio clero. Junto con todo ello, definió un nuevo impuesto, un subsidio territorial, proporcional al impuesto al suelo y aplicable a todas las propiedades.

Ante esta propuesta de Calonne, los notables del reino, 144 personalidades elegidas por el rey, la rechazaron en febrero de 1787, por lo que el ministro fue destituido.

La persona que ocupó su cargo fue el arzobispo de Toulouse, Loméne de Brienne, que formaba parte de uno de los estamentos a los que querían quitar sus privilegios sus predecesores en el cargo. Tras analizar la situación, reconoció la necesidad de reformar el sistema impositivo. La nobleza otra vez se puso en contra y presionaron para convocar los Estados Generales, que llevaban sin reunirse más de un siglo, y destituyeron al arzobispo. Una vez más se negaban a la igualdad entre los estamentos y la carga impositiva seguía recayendo sobre el pueblo llano.

Luis XVI volvió a nombrar a Necker Ministro de Finanzas y esta vez propuso un método de anticipos y préstamos para solucionar la situación económica del país. Ante la oposición de la Asamblea Nacional tuvo que presentar su dimisión en septiembre de 1790, un año después de la toma de la Bastilla, símbolo del comienzo de la Revolución francesa y 4 meses antes de que el rey fuera guillotinado.

Glosario:

Deuda pública. Obligación de pago contraída por el Estado ante terceros.

Empréstito. Préstamos de elevada cuantía divididos en partes iguales que se denominan obligaciones y bonos que son adquiridas por particulares y que el Estado se compromete a devolver junto con los intereses pactados a la fecha de vencimiento.

Impuesto indirecto. Cantidad de dinero que se paga a la Administración Pública para contribuir a la hacienda pública independientemente del nivel de renta.

Impuesto directo. Cantidad de dinero que se paga a la Administración Pública para contribuir a la hacienda pública y depende de la renta de cada agente económico.

Impuesto. Cantidad de dinero que se paga a la Administración Pública para contribuir a la hacienda pública.

Préstamo. Cantidad de dinero solicitada a una entidad financiera que hay que devolver en su totalidad junto con los intereses pactados.

Presupuesto. Previsión detallada de ingresos y gastos.

Superávit. Situación en la que los ingresos públicos son superiores a los gastos públicos.

El "BlaBlaCar" del siglo XVIII

El domingo 30 de octubre de 1791 en el "Diario de Madrid" se podía leer el siguiente anuncio: "*El martes próximo sale un coche para la ciudad de León con dos personas decentes. Si hubiese otras dos que quieran tomar asiento en él para el mismo pueblo o su carrera, acudirán a la Puerta del Sol, tienda de D. Hilario Fernández Valledor, junto a la espadería, el que dará razón en donde han de tratar este asunto*".

Este anuncio de finales del S. XVIII en España podría considerarse un ejemplo de como ya existía la denominada economía colaborativa, y ser una muestra predecesora de la empresa "BlaBlaCar" creada en Francia en 2006, justo antes del comienzo de la crisis económica de 2008 (en un origen se denominó Comuto). Su finalidad era compartir coche para esas personas que viajen al mismo lugar y así reducir las emisiones de gases de efecto invernadero y repartir entre sus ocupantes los gastos de combustible y peajes.

Actualmente, el término economía colaborativa es muy utilizado. Se trata de actividades que buscan un intercambio de bienes y/o servicios entre personas a cambio de una compensación que es pactada previamente entre ellos.

El origen del mismo se encuentra en el libro "What´s mine is yours: the rise of collaborative consumption" ("Lo que es mío es tuyo: el auge del consumo colaborativo") cuyos autores son Rachel Botsman y Roo Rogers en 2010.

A raíz de la crisis económica de 2008, se pone de manifiesto la desigualdad económica en la población y la necesidad de crear un modelo que ayudase a solucionar dicha situación.

La UE (Unión Europea), a través del Comité Económico y Social Europeo sobre el consumo colaborativo, fomenta un "modelo sostenible para el S.XXI que promueva los valores cooperativos tratando de solucionar la crisis económica y financiera en la medida que posibilita el intercambio en casos de necesidad".

Aunque existen cada vez más ejemplos de economía colaborativa, no solo los basados en transporte. Por ejemplo "Relendo" una plataforma para alquilar bienes entre particulares, "Spacebee" donde puedes alquilar un espacio de trabajo si la empresa no lo está usando, "Shipper" conecta a personas que viajan por el país con otras que desean enviar un paquete a un precio más reducido o "Joinuptaxi" con la cual podrás compartir taxi con otras personas para reducir el precio por trayecto. Opciones hay muchas, aunque una de las primeras fue la publicada en el Diario de Madrid hace tres siglos.

Glosario:

Economía colaborativa. Actividades que buscan un intercambio de bienes y/o servicios entre personas a cambio de una compensación que es pactada previamente entre ellos

La economía circular
y la estatua de Pedro IV de Portugal

La economía circular es uno de los términos más utilizados en los últimos años. Se basa en las tres "r's": reutilizar, reparar y reciclar, es decir, busca "utilizar eficazmente sus recursos", reducir el uso de materias primas y las emisiones contaminantes.

Aunque nos parecen conceptos del S.XXI, ya en el S.XIX podemos ver ejemplos de la misma.

En el año 1807, tras la firma del Tratado de Fontainebleau entre Francia y España, las tropas de Napoleón Bonaparte cruzan los Pirineos con la intención de invadir Portugal. Es también el comienzo de la incursión francesa en España.

La familia real portuguesa al ver la entrada de tropas francesas en España, sabiendo que se dirigen a su país, decide huir a Brasil, colonia de Portugal, en concreto a Río de Janeiro, capital brasileña en ese momento.

Se establecen en Brasil hasta 1821, años después de que las tropas francesas hayan sido expulsadas de la Península Ibérica. Pero ese año, con las revueltas que hay en el país y presionado por las Cortes, el rey Juan VI decide volver a Portugal. Su hijo Pedro, en diciembre de ese año, declara la independencia de Brasil y es nombrado emperador. En 1826 muere Juan VI y su hijo es proclamado rey de Portugal como Pedro IV, pero abdica en su hija María que se casa con su tío Miguel que se hace con el trono portugués. Tras diversas revueltas en 1831 Pedro IV abdicó y regresa a Portugal, donde fallece en 1834 intentando volver a recuperar la corona portuguesa.

Si visitamos Lisboa, la conocida como Plaza de Rossio (realmente se llama Plaza de Pedro IV) está presidida por la estatua de Pedro IV, pero esta estatua ni era para Pedro IV, ni tenía que estar ahí ubicada, sino en México.

Francia en 1861, y por tanto su emperador Napoleón III, apoyaron a un grupo monárquico para que el Partido Conservador le ofreciera la corona de México a Maximiliano, archiduque de Austria. Para conmemorar su coronación como emperador cuenta la leyenda que Napoleón III pide al escultor francés Anatole Celestino Camels que haga una estatua ecuestre para enviarla a México. Con la estatua casi terminada el escultor se traslada a Lisboa para enviarla, pero allí se entera que el emperador mexicano no tiene apoyos y según los rumores el asesinato es inminente, de hecho, sucede en 1867.

¿Qué hacer con la estatua? Reutilizarla, una de las tres r´s de la economía circular. Finalmente es remodelada para situarla en la Plaza de Rossio en honor a Pedro IV cuyo cuerpo está enterrado en Brasil y su corazón en Portugal.

Glosario:

Economía circular. Reducir el uso de materias primas y las emisiones contaminantes reutilizando, reparando y reciclando, es decir, busca "utilizar eficazmente sus recursos".

Tres r´s. Variables en las que se basa la economía circular: reutilizar, reparar y reciclar.

Darwin: el coste de oportunidad y el matrimonio

Charles Darwin es conocido por su teoría de la evolución biológica a través de la selección natural.

En el año 1831 se embarca en el Beagle desde Plymouth. Durante los cinco años que duró el viaje fue haciendo un diario de a bordo con anotaciones científicas sobre la biología, geología y antropología. Este fue el origen de su teoría de la evolución de la selección natural y de su libro "El origen de las Especies" donde recoge información del viaje y de 4.000 especímenes de plantas, animales y rocas.

Pero en 1838 tuvo también que hacer un estudio para tomar una de las decisiones más importantes de su vida: ¿casarse o no casarse con Emma Wedgwood?. Se le planteó un dilema con un coste de oportunidad, es decir, el valor de aquello a lo que renuncias al elegir una opción y no otra. Este término es la base de la ciencia económica, tenemos unos recursos limitados (en el caso de Darwin, la duración de su vida) y tenemos que decidir cómo utilizarlos (casarse o no casarse).

Para tomar tal decisión, Darwin decidió utilizar un método conocido, hacer una lista de pros y contras. De hecho, no hizo una, sino dos listas para tomar la decisión, una en abril y otra en julio de 1838.

Entre las causas que analizó en abril de 1838 para tomar la decisión, podemos ver que afirmaba que si no se casaba podría seguir realizando viajes a América o Europa, pero si se casaba tendría recursos más limitados o podría realizar experimientos en una pequeña casa en Regent´s Park.

Aquí dejó su análisis y meses después, en julio de 1838, volvió a estudiar la situación para decidir si finalmente se casaba con su prima Emma Wedgwood. En este caso al analizar los pros para casarse citaba que así tendría hijos, una compañera constante, alguien que se encargara de la casa con quien tener charlas superficiales y no se dedicaría solo a trabajar. En relación a los contras que encontraba al matrimonio anotó el tener que visitar a familiares, las peleas que tendrían los niños o que no podría leer por las tardes sin ser molestado.

Después de sopesar las ventajas e inconvenientes de casarse anotó: Q.E.D. (quod erat demostrandum), es decir, queda demostrado, ¿el qué? La necesidad de casarse. Así 6 meses después se casó y tuvieron 10 hijos. Por tanto, el coste de oportunidad, el valor de aquello que perdió al decidir contraer matrimonio, es ese listado de contras o desventajas que veía al matrimonio, fue lo que dejó de hacer.

Glosario:

Coste de oportunidad. Valor de aquello a lo que renuncias al elegir una opción y no otra.

Baldomera Larra y el origen de las estafas piramidales

Si buscamos en internet el origen de los timos piramidales encontraremos diversas entradas que hablan del "Esquema Ponzi". Según esa información fue el italiano Carlos Ponzi, asesor financiero de Mussolini, quien creó este tipo de estafa en la década de 1920. Captaba nuevos inversores y con el dinero aportado pagaba los intereses de los más antiguos, pero hacía creer a los que realizaban las aportaciones que sus ganancias provenían de actividades legítimas y exitosas. Si investigamos un poco más, descubrimos que fue la española Baldomera Larra y Wetoret, hija pequeña de Mariano José de Larra, en el S.XIX la pionera en este tipo de estafa. Pero, ¿en qué consiste una estafa piramidal?

En economía se conoce como estafa piramidal, esquema de pirámide o fraude de pirámide empresarial a un tipo de esquema de negocios que se basa en que los inversionistas obtienen sus intereses gracias a la captación nuevos clientes para que estos nuevos participantes paguen los intereses que se han prometidos a los clientes más antiguos.

Nuestra protagonista, Baldomera Larra, nació en Madrid en 1833, era la hija pequeña del conocido escritor, periodista y político Mariano José de Larra, uno de los máximos exponentes del Romanticismo español, y como otros autores de esta corriente literaria se quitó la vida de un disparo en la sien a la edad de 27 años. Baldomera tenía sólo 4 años.

Ella conoció al médico de la casa real Carlos de Montemayor con el que contrae matrimonio, pero era un conocido afrancesado que cuando Alfonso XII sube al trono huye de España en 1873 abandonando a su mujer y a sus hijos. Ella tuvo entonces que acudir a diversos prestamistas y se enfrentó a muchas dificultades para pagar los elevados intereses que le pedían.

Ante esta situación, se le ocurrió la idea para dejar de pasar penalidades y creó en mayo de 1876 la "Caja de las Imposiciones" que tenía su sede en el Teatro España que estaba ubicado, hasta su incendio, en la Plaza de la Paja de Madrid. Contó con varios colaboradores: Saturnino Iregua, que era el administrador, Nicanor, un empleado del Teatro de la Zarzuela y Enciso, Rojas y Casanova, que eran empleados del Ministerio de Gobernación.

Baldomera ofrecía a sus clientes un 30% mensual de intereses. Dichos intereses se suponía que los pagaba gracias a los beneficios que obtenía la mina que su marido gestionaba en Sudamérica, pero esa mina nunca existió. Lo que ocurría en realidad era que pagaba los intereses con las imposiciones de los nuevos impositores. De mayo a octubre de 1876 cumplió con sus clientes y se ganó diversos apodos como "la madre de los pobres", pero la quiebra se produjo el 4 de diciembre de ese año. Huyó de España con 7 millones de reales. Antes de su huida, se dejó ver en el palco del Teatro de la Zarzuela, para escapar en tren a Francia antes de que acabara la función. Según el escritor Juan Eduardo Zúñiga hubo 5.000 personas afectadas por su estafa.

Se abrió una causa contra ella, pero se escondió en Auteuil, localidad francesa, con un nombre falso. Finalmente fue detenida cuando regresó a Madrid en 1878, fue juzgada y condenada a 6 años de prisión, pero fue absuelta poco después debido a la recogida de firmas a favor de dejarla libre. Firmaron tanto gente sencilla como aristócratas.

Este es el origen de las estafas piramidales, las cuales se han ido sucediendo en las últimas décadas. Uno de los casos más conocidos en los últimos años fue en EEUU en 2008 el "Caso Madoff". Madoff, inversionista americano, fue detenido el 11 de diciembre de dicho año por una estafa de 65.000 millones de dólares. ¿Cómo se descubrió la estafa? Debido a la crisis económica que estalló ese año varios de sus inversores decidieron retirar sus ahorros y descubrieron que no existían.

En España, en 2006, también se desató la estafa piramidal más importante principios del S. XXI, el caso de Forum Filatélico y Afinsa. Ambas empresas ofrecían intereses en torno al 6% derivado de la inversión en productos filatélicos. La realidad a la que se enfrentaron los inversores en 2006 fue que esos productos estaban sobrevalorados en algunos casos, ni siquiera existían o eran falsos. Se había contraído una deuda de 3.702 millones de euros.

Por tanto, como dice el refrán, "nadie regala duros a pesetas".

Glosario:

Estafa piramidal. Esquema de pirámide o fraude de pirámide empresarial a un tipo de esquema de negocios que se basa en que los inversionistas obtienen sus intereses gracias a la captación nuevos clientes para que estos nuevos participantes paguen los intereses que se han prometidos a los clientes más antiguos.

Esquema Ponzi. Carlos Ponzi fue asesor financiero de Mussolini y creó un tipo de estafa piramidal en la década de 1920. Captaba a nuevos inversores y con el dinero aportado pagaba los intereses de de los más antiguos, pero hacía creer a los que hacían las aportaciones que sus ganancias provenían de actividades legítimas y exitosas.

Interés. Precio del dinero.

Préstamo. Cantidad de dinero solicitada a una entidad financiera que hay que devolver en su totalidad junto con los intereses pactados.

Alfred Nobel, Adam Smith
y los premios Nobel

Cuando Adam Smith, padre de la Economía moderna, escribió en 1776 su libro "La Riqueza de las Naciones", no fue consciente que su escrito constituiría el origen de una nueva ciencia social y que aquellos que dedican parte de su carrera profesional a desarrollar diversas investigaciones en dicha área de conocimiento podrían llegar a recibir un premio que empezaría a otorgarse en el S. XX, el premio Nobel.

Los requisitos para recibir este premio se reflejan en el testamento de Alfred Nobel: *"La totalidad de lo que queda de mi fortuna quedará dispuesta del modo siguiente: el capital, invertido en valores seguros por mis testamentarios, constituirá un fondo cuyo interés será distribuido cada año en forma de premios entre aquellos que durante el año precedente hayan realizado el mayor beneficio a la humanidad. Dicho interés se dividirá en cinco partes iguales, que serán repartidas de la siguiente manera: una parte a la persona que haya hecho el descubrimiento o el invento más importante dentro del campo de la física; una parte a la persona que haya realizado el descubrimiento o mejora más importante dentro de la química; una parte a la persona que haya hecho el descubrimiento más importante dentro del campo de la fisiología o la medicina; una parte a la persona que haya producido la obra más sobresaliente de tendencia idealista dentro del campo de la literatura, y una parte a la persona que haya trabajado más o mejor en favor de la fraternidad entre las naciones, la abolición o reducción de los ejércitos existentes y para la celebración y promoción de congresos por la paz."*

A partir de 1901 empezaron a entregarse los Premios Nobel siguiendo las indicaciones de Alfred Nobel, pero en 1968 se creó por la Real Academia de Ciencias de Suecia el Premio de Ciencias Económicas del Banco de Suecia en Memoria de Alfred Nobel.

¿Cómo decidió Alfred Nobel dejar ese fondo para constituir esos reconocimientos para las diferentes ciencias?

Todo se debe a un error periodístico. En el año 1888 falleció Ludwig Nobel, hermano mayor de Alfred. Un periodista confundió a Ludwig, ingeniero, con su hermano Alfred, inventor de la dinamita, y en su necrológica calificó a Alfred como "comerciante de la muerte". Al leer este artículo en prensa se dio cuenta del legado y visión que tenía en mundo de él y tuvo la oportunidad de cambiar esa imagen pública. A partir de ese momento se dedicó a reconocer la labor de las ciencias (física y química), la literatura y la paz.

A pesar de que en el testamento no se recogía indicaciones sobre otorgar un premio a aquellos que hayan realizado investigaciones en el área de la economía, en el 300 aniversario del Banco de Suecia, el más antiguo de los bancos centrales, realizó una donación para que se otorgara dicho premio, que aunque no es uno de los establecidos por Alfred Nobel, sí que es administrado por su fundación.

Glosario:

Banco Central. Institución que ejerce como banco de bancos de un país, que emite el dinero legal y determina la política monetaria.

Economía. Es una ciencia social que busca satisfacer necesidades con recursos escasos

Premio Nobel. Premios creados a partir del legado de Alfred Nobel que se otorgan cada año en Suecia desde 1901 a las personas más sobresalientes en los ámbitos de la Física, Química, Medicina, Literatura y de la Paz.

Keynes, Cézanne y un cuadro en la carretera

John Maynard Keynes es conocido como el padre de la Economía de Bienestar y por su obra la "Teoría General de la Ocupación, el Interés y el Dinero" de 1936 donde fija las bases del sistema de economía mixto. Dicho sistema afirma que el Estado debe intervenir en economía para suavizar los ciclos económicos y regular el funcionamiento del mercado, aunque es el mercado el que asigna los recursos.

Además, fue uno de los negociadores de la Paz de Versalles al término de la I Guerra Mundial, y en su libro "*Dos recuerdos*" anticipaba las consecuencias la Gran Guerra y de esos acuerdos tan reestrictivos con Alemania.

El 28 de marzo de 1918 en Charleston Farmhouse en Sussex, al sureste de Reino Unido, se reunía el Círculo de Bloomsbury, un influyente grupo británico de escritores, filósofos, artistas e intelectuales.

Llaman a la puerta, Keynes al entrar comentó que alguien bajara a buscar el Cézanne que había dejado en un seto al lado de la carretera una milla más abajo. ¿Cómo había llegado Keynes con ese cuadro hasta allí?

Keynes entró en 1915 a formar parte del Ministerio de Hacienda de Inglaterra y fue el encargado de dirigir las finanzas de guerra para el imperio durante la Gran Guerra. Su misión era obtener fondos para financiar la Primera Guerra Mundial y prestar dinero a Francia, que formaban parte de la Triple Entente junto con Rusia.

Ducan Grant, pintor y miembro del Círculo de Bloomsbury, avisa a su amigo Keynes de una gran oportunidad para obtener dinero para su campaña. En París van a subastar parte de la obra de Edgar Degas, pero ¿qué relación puede tener la adquisición de obras de arte con la financiación de una guerra?

Francia tenía contraída una gran deuda con Reino Unido y Estados Unidos. No podía devolver los préstamos que les había solicitado para financiar la guerra. Además, la moneda francesa, el franco, estaba muy débil frente a la libra esterlina, lo cual complicaba aún más su situación. Si su moneda vale menos, es más difícil devolver la deuda. La deuda estaba en libras esterlinas y dólares, si el franco se devalúa, es necesario una mayor cantidad de francos para saldar la deuda, lo cual complicaba aún más la situación económica de Francia.

Ante esta situación la estrategia que planteaba Keynes era canjear deuda por capital, ¿cómo? Adquiriendo obras de arte que se iban a revalorizar con el tiempo, en este caso, las obras de Degas.

A pesar de las dudas del Tesoro británico sobre si habría que dar por perdidos los intereses de la deuda francesa que se iba a usar en la operación, el Ministro de Hacienda inglés Andrew Bonar Law finalmente accede y autorizan la operación. Se transfirieron los francos equivalentes a 20.000 libras esterlinas a una cuenta de la Embajada británica en Francia.

París, 26 de marzo de 1918, 2 pm. Comienza la subasta en la Galería Georges Petit. Una hora después comienzan a caer bombas en los alrededores, ataque aéreo de los alemanes, algunos compradores se van. 3.15 pm una explosión aún mayor, la mayoría de los postores abandonan la galería y los precios de la subasta caen. Es en este momento cuando Keynes y Holmes (director de la National Gallery), adoptando nombres falsos para pasar desapercibidos, deciden postar por varias obras. Compran "La ejecución de Maximiliano" de Manet, un retrato de Louis Auguste Schwiter de Delacroix y el "Jarrón de Flores" de Gaugin. Llega el momento de subastar el cuadro de Cézanne "Pommes", pero Holmes se niega a comprarlo. Keynes decide adquirirlo con su dinero junto con otras tres obras de Delacroix. De acuerdo con la carta que Keynes mandó a su madre: "Me he comprado cuatro obras y la nación, otras 27".

Una vez terminada la subasta, Holmes y Keynes, junto con todas las obras de arte, vuelven a Reino Unido bajo la alerta por bombardeos. Una vez en suelo inglés se le une Chamberlain, en ese momento solo parlamentario conservador, en 1937 sería nombrado Primer Ministro inglés, y siguen el viaje en su coche. Cerca de su destino, el coche queda atascado en el barro. Keynes, cansado del viaje, decide dejar el Cézanne entre unos setos al lado de la carretera y recorrió la milla que quedaba hasta a la casa a pie.

Esta historia sirvió al Círculo de Bloomsbury como inspiración a la colección "Un Cézanne en el círculo".

Glosario:

Economía de bienestar o Estado de bienestar. Sistema económico en el cual el Estado cubre los servicios públicos básicos como la educación o la sanidad.

Sistema de economía mixto. Modelo económico que busca un equilibrio entre el capitalismo y el sistema de planificación centralizada. El mercado asigna los recursos, pero el Estado regula su funcionamiento.

Devaluación de la moneda. El Banco Central del país decide rebajar la cotización de su moneda frente a las monedas extranjeras.

Cisnes negros en la historia

El hundimiento del Titanic en 1912, la Primera Guerra Mundial en 1914, los atentados a las Torres Gemelas el 11 de septiembre de 2001, la quiebra de Lehman Brothers en 2008 o la pandemia de la Covid19 en 2020 son cisnes negros.

Un cisne negro es un acontecimiento singular, inesperado con un gran impacto sobre la economía de un país o a nivel global.

Este concepto fue desarrollado en 2008 por el libanés Nicholas Taleb y se inspiró para desarrollarlo en los exploradores europeos que llegaron a Australia en el siglo XVII y encontraron cisnes negros, cuando hasta ese momento pensaban que solo existían cisnes blancos.

Entonces, ¿cuáles son los requisitos para que un acontecimiento se convierta en un cisne negro? En primer lugar, que sea un hecho altamente improbable y no haya evidencia de que pueda suceder. En segundo lugar, que tenga un elevado impacto para la sociedad. Y en tercer lugar, que una vez que sucede se puede explicar con racionamientos lógicos. Pero para que además sea considerado un cisne negro en economía debe tener consecuencias en las bolsas.

Por tanto, ¿por qué todos los acontecimientos citados anteriormente se consideran cisnes negros?

En relación al hundimiento del Titanic, tuvo un coste para las compañías aseguradoras que se ha cifrado en 25 millones de euros. Además, supuso un punto de inflexión en la historia de los seguros de transporte marítimo, se creó un servicio de patrulla internacional para informar de la posición de los icebergs y se aumentó el número de los botes salvavidas en los barcos. No olvidemos que sobrevivieron poco más de 700 personas de las más de 2.000 que había a bordo.

En cuanto a la Primera Guerra Mundial nadie preveía que pudiera producirse, y sus consecuencias fueron que la riqueza de los países disminuyó de forma considerable. En concreto en el caso de Francia un 30%, en el de Alemania un 25%, en Reino Unido un 32% y un 26% en Italia.

Respecto al 11 de septiembre de 2001, el atentado contra las Torres Gemelas de Nueva York, sólo ese día el valor de las compañías aéreas en bolsa se desplomó un 40%.

Pero en las últimas décadas la crisis económica más dura que hemos vivido ha sido la provocada por la quiebra del banco de inversión en Estados Unidos Lehman Brothers en 2008. Provocó una crisis a nivel mundial de la que se ha tardado una década en salir y cuyas principales consecuencias fueron la disminución de los salarios en un 8% de media según la Oficina de Estadísticas Laborales de EEUU, la menor inversión en bolsa, y la reducción del empleo, en España se llegó a alcanzar una tasa de desempleo del 27%, y del consumo.

En 2020 apareció el último cisne negro que podemos citar, la pandemia mundial provocada por la Covid19. El 16 de marzo de 2020 la bolsa de Nueva York se desplomó un 10%, anticipando las consecuencias de esta crisis sanitaria. La producción china se redujo, no olvidemos que el origen del virus se encuentra en Wuham, y debido a ello también ha disminuido la producción en Europa y América. Simplemente si miramos los datos de desempleo en España, según el INE (Instituto Nacional de Estadística), de enero de 2020 a enero de 2021 el número de parados aumentó en 710.500 personas y había 739.000 en ERTE (expediente de regulación temporal de empleo).

La pregunta que no podemos contestar es: ¿cuál será el próximo cisne negro?

Glosario:

Cisne negro. Acontecimiento singular, inesperado con un gran impacto sobre la economía de un país o a nivel global.

Tasa de desempleo. Porcentaje de población activa que busca empleo y no lo encuentra.

Población activa. Personas en edad de trabajar que buscan empleo o trabajan.

Riqueza de un país. Suele medirse a través del indicador del PIB (Producto Interior Bruto). Mide el valor económico de todos los bienes y servicios producidos en un país en un periodo de tiempo concreto, normalmente un año.

Inflación y la Casa de Papel

A mediados de 1990 en Canadá surgen las primeras plataformas digitales. Una de ellas es Netflix, creada en 1997 en EEUU. Inicialmente ofrecía el alquiler de DVD por correo postal, diez años después inició el servicio de vídeos bajo demanda para ver en ordenador. Desde 2011 comenzó a producir su propio contenido y en 2017 adquirió los derechos de la serie "*La casa de papel*". En 2018 Netflix anunció que fue la serie en habla no inglesa más vista en su plataforma en toda su historia.

¿Quién no ha soñado alguna vez con tener una máquina para poder imprimir dinero y hacer lo mismo que los protagonistas de la serie "*La casa de papel*"? Fabricar todo el dinero que deseen.

Queremos tener dinero porque lo usamos como medio de pago para adquirir los productos que deseamos, pero si fabricamos más dinero, sube el precio de los productos y se genera inflación.

La inflación es la subida general y continuada de los precios, por lo que se reduce el poder adquisitivo de los consumidores. Nuestra renta sigue siendo la misma, pero los precios de los productos de la "cesta de la compra" suben, por lo que podemos comprar menos. De hecho hay historias tan anecdóticas como que al que alguien pierda una maleta llena de dinero y que encuentre el dinero, pero no la maleta. Esa situación la llegó a causar la inflación en la República de Weimar en Alemania en el Periodo de Entreguerras.

Uno de los primeros economistas en estudiar la inflación fue Tomás de Mercado, que pertenecía a la Escuela de Salamanca. A finales del S.XVI afirmaba que la subida de precios de los productos se debía a la gran cantidad de oro y plata que entraba procedente de América, es decir, la máquina de dinero de aquella época no paraba de funcionar.

Pero las dos teorías más importantes en relación al tema de los precios son la teoría monetarista y la keynesiana.

Los monetaristas, cuyo principal representante es Milton Friedman de la Escuela de Chicago, afirman que la causa de la inflación es únicamente monetaria, los precios son flexibles a largo plazo y se adaptan a la oferta monetaria, a la cantidad de dinero en circulación.

Por otro lado los herederos de Keynes defienden que la inflación tiene causas reales, como puede ser la variación de la tasa de paro y que a corto plazo los precios son rígidos.

Estemos de acuerdo con una u otra teoría, a lo largo de la Historia se ha producido diferentes casos de hiperinflación.

El caso más conocido es Alemania en la República de Weimar, en el Periodo de Entreguerras. En 1923 la inflación diaria llegó a ser del 23%, los precios se duplicaban cada 3 días. Debido al Tratado de Versalles que puso fin a la Primera Guerra Mundial, Alemania no disponía del efectivo suficiente para hacer frente al pago de las sanciones impuestas. Por ello puso en marcha la máquina de hacer dinero, aumentó su oferta monetaria.

Todo ello conllevó que el precio del billete de metro pasara de costar 0,10 marcos en 1918, a 150 millones de marcos en 1921. A finales de 1923 la inflación, como hemos dicho, estaba en el 23% diario, eso implicaba que una rebanada de pan que a comienzos de ese año costaba 250 marcos, en el mes de noviembre su precio había subido a 200.000 millones de marcos.

En Hungría en 1946 la inflación diaria llegó a ser del 207%, es decir, cada 15 horas se duplicaban los precios. La subida de precios fue ese año del 41.900.000.000.000.000%. Se llegó a imprimir un billete por valor de 100 trillones de pengös (antigua moneda húngara). Los ciudadanos acabaron diferenciando los billetes no por su valor, sino por su color.

Esta hiperinflación fue una de las consecuencias de la II Guerra Mundial. El 80% de la ciudad de Budapest había sido destruida, el 40% de la riqueza del país había desaparecido y tenían que hacer frente a las indemnizaciones por la guerra.

En agosto de ese año el gobierno creó la nueva moneda húngara, el florín, respaldada por las reservas de oro y divisas extranjeras y puso en marcha un programa de estabilización para acabar con esa situación insostenible.

Otro de los países que han sufrido los efectos de la hiperinflación ha sido Argentina. En 1945 se podía tomar un café por 20 céntimos, en 2019 se necesitaban 500 millones de toneladas.

Pero fue a finales de la década de los ochenta, en concreto en 1989 cuando los precios subieron un 3.079% y un 2.314% en 1990. Las causas fueron un alto nivel de endeudamiento, el estancamiento de la economía y el desequilibrio fiscal.

En el 2008 Zimbabwe tenía una inflación diaria del 98%, en noviembre de ese año la tasa de inflación mensual llegó a ser del 79.000.000.000%. Las tiendas cambiaban los precios varias veces al día y se produjo escasez de comida en los supermercados.

Las causas fueron una reforma agraria a finales de los 90 que conllevó la expropiación de tierras. Además, su intervención en la Guerra del Congo en 1998 tuvo como consecuencia las sanciones económicas que EEUU impuso al país en 2002.

Para poder solventar esta situación el Banco Central del país decidió en 2009 dejar de usar su moneda y empezar a usar el dólar estadounidense y el rand sudafricano.

Por tanto, a lo mejor no es tan buena idea poner a funcionar la máquina de hacer dinero…

Glosario:

Escuela de Chicago. Corriente de pensamiento económico que se centra en el libre mercado. El Estado no debe intervenir en Economía, pero sí controlar la política monetaria y sus instrumentos, es decir, los tipos de interés y la oferta monetaria (cantidad de dinero en circulación).

Escuela de Salamanca. Estableció las primeras teorías económicas modernas en el S.XVI en España.

Estancamiento económico: situación en la que no crece la economía de un país y hay un alto desempleo.

Hiperinflación. Subida de precios muy rápida y continua.

Inflación. Subida general y continuada de los precios.

Oferta monetaria. Cantidad de dinero en circulación.

Política monetaria. Medidas en relación a los tipos de interés y a la oferta monetaria tomadas por el gobierno para alcanzar los objetivos económicos fijados. En el caso del BCE (Banco Central Europeo) su objetivo principal es que los precios no suban más del 2% anual.

———————

Gracias a todos los que de manera consciente
o inconsciente me habéis inspirado alguna
de estas historias, y ya.

———————